Risiken der Pflegegradstruktur im Blick behalten

Beispielrechnung für alternativen Pflegegradmix

Horst Brzoska

Institut für Altenpflege Neuss

Risiken der Pflegegradstruktur im Blick behalten

Beispielrechnung für alternativen Pflegegradmix

Horst Brzoska

Institut für Altenpflege, Freithof 30, 41460 Neuss
Telefon: 0151-43165987
04/2018
E-Mail: horstbrzoska-beratung@t-online.de
www.institut-fuer-altenpflege.de

Inhaltsübersicht

1. Risiken der Pflegegradstruktur im Blick behalten

Durch die Pflegereform 2017 haben sich die Rahmenbedingungen für die Steuerung der betrieblichen Prozesse in Pflegeeinrichtungen gravierend verändert. Zum einen hat die großzügige Überleitung für pflegebedürftiger Menschen mit erheblich veränderter Alltagskompetenz (PEA) zu einer "überblähten" Bewohnerstruktur geführt (doppelter Stufensprung). Zum anderen gibt es durch die neue Begutachtungsform systembedingte Veränderungen, die zu fließenden Übergängen zwischen den verschiedenen Versorgungsformen führen. Es ist davon auszugehen, dass sich langfristig die Bewohnerstruktur zu den niedrigen Pflegegraden hin verschieben wird. Auffällig hierbei ist: Während der Anteil der Pflegegrade 4 und 5 rückläufig war, hat der Anteil der Bewohner in den Pflegegraden 2 und 3 zugenommen. Es ist zu erwarten, dass sich diese Verschiebung im Jahresverlauf spürbar weiter verschärft, weil sich bisher nur ein kleiner Teil der Bewohner verändert hat. Zum Anderen befinden sich unter den aktuellen Bewohnern noch Pflegebedürftige, die im Rahmen der Überleitung ermittelt wurden. Einrichtungsträger stehen vor der schwierigen Frage. Wie stark beeinflussen diese Faktoren die zukünftige Pflegegradstruktur? Mit welchem Pflegegradmix können wir das Profil des eigenen Hauses in Zukunft stärken? Die nachstehende Übersicht zeigt, wie Bewohner der drei Pflegestufen nach der Reform in fünf Pflegegrade übergeleitet wurden.

Einfacher Stufensprung

Pflegestufe ohne eingeschränkte Alltagskompetenz

- Pflegestufe I in den Pflegegrad 2
- von Pflegestufe II in den Pflegegrad 3
- von Pflegestufe III in den Pflegegrad 4 sowie
- von Pflegestufe III, soweit die Voraussetzungen für einen Härtefall vorliegen, in den Pflegegrad 5

Doppelter Stufensprung

Personen mit eingeschränkter Alltagskompetenz (PEA)[1]

- ohne gleichzeitige Pflegestufe = Pflegegrad 2
- bei gleichzeitigem Vorliegen der Pflegestufe I = Pflegegrad 3
- bei gleichzeitigem Vorliegen der Pflegestufe II = Pflegegrad 4
- bei gleichzeitigem Vorliegen der Pflegestufe III ohne oder mit Härtefall[2] = Pflegegrad 5

Beispiel:

So erhielt eine Bewohnerin mit PEA in Pflegestufe 1 zum 1. Januar 2017 den Pflegegrad 3. Durch die automatische Umstellung aller eingestuften Bewohner auf die neuen Pflegegrade und dem Bestandsschutz für Bewohner, die

---

[1] § 45a bzw. 87b SGB XI
[2] § 84 Abs. 2 SGB XI

zum 31. Dezember 2016 in der Einrichtung wohnten, hat sich nichts geändert. Dies muss bei der Wahl der zukünftigen Pflegegradstruktur immer beachtet werden.

Einrichtungen sollten neue Steuerungsinstrumente einführen und ein funktionierendes Pflegegradmanagement gezielt für die Planung und Steuerung des Belegungsmanagements nutzen. Durch laufende Soll-Ist-Vergleiche kann die Leitung feststellen, ob und in welchem Ausmaß es Abweichungen von den geplanten Soll-Größen gibt. Kommt es in einzelnen Pflegegraden zu Veränderungen der geplanten Bewohnerstruktur, kann das auch erhebliche Umsatzrückgänge zur Folge haben, die sorgfältig überwacht und frühzeitig identifiziert werden müssen. Dabei ist die Personalmenge mit rund 80 Prozent der Kosten in der Pflege die wichtigste Steuerungsgröße. Gegebenenfalls müssen bereits vereinbarte Vorgaben in Bezug auf Belegungs- und Pflegegradstruktur neu verhandelt oder angepasst werden. Vor diesem Hintergrund wird es für Einrichtungsträger schwieriger, eine verlässliche Pflegegradstruktur für zukünftige Pflegesatzverhandlungen zu prognostizieren und diese auch in Vertragsverhandlungen mit den Kostenträgern Pflegekasse und Sozialhilfeträger durchzusetzen.

1.1 Umverteilung der Finanzierung durch einheitlichen Eigenanteil

Ab dem 1. Januar 2017 gibt es in allen Pflegegaden nur noch einen gleich hohen einrichtungsbezogenen Eigenanteil (EEE) je Bewohner. Abhängig von der geplanten Pflegegradstruktur für den zukünftigen Pflegezeitraum hat ein höherer oder niedrigerer Pflegegrad direkten Einfluss auf die Höhe der Eigenbeteiligung. Streitigkeiten zwischen Bewohnern und Einrichtungen, die sich oft aus höheren Zuzahlungen wegen der Höherstufung ergeben haben, werden dadurch künftig vermieden. Allerdings wird die Handlungsfreiheit für das stationäre Management durch die Einführung des EEE entscheidend verändert. Die Pflegesätze berücksichtigen nach dem PSG II nur noch bedingt den individuellen Aufwand in dem jeweiligen Pflegegrad. Es gilt als Rechengrundlage für den EEE in der Vergütung der Durchschnitt aus den Leistungen für alle Heimbewohner nach Abzug der Kassenanteile[3]. Dies bedeutet, dass sich das wesentliche Augenmerk auf die voraussichtliche Verteilung der Pflegegrade richten muss. Sie hat zentralen Einfluss auf die Höhe des EEE. In der vollstationären Pflege kommt es für Pflegebedürftige daher nicht mehr nur auf die Höhe des Gesamtheimentgelts an, sondern wichtig ist für sie auch die Höhe des Eigenanteils, den sie aus eigener Tasche bezahlen müssen. Je nach Bewohner-Struktur ist aber der Eigenanteil der Bewohner an der Gesamtvergütung unterschiedlich hoch, weil der Pflegegradmix maßgeblich die Eigenbeteiligung bestimmt. Ins-

---

[3] § 43 Abs. 2 SGB XI

besondere in Pflegegrad 2 führt der abgesenkte monatliche Leistungsbetrag der Pflegekasse von 1.064,00 Euro auf 770,00 Euro zu einer erheblichen Erhöhung des Zuzahlungsbetrages der Bewohner.

Wie bereits erwähnt, verändert der EEE die Erlösstruktur der Einrichtung tiefgreifend. Während die Pflegesätze bisher von den anfallenden Aufwendungen gestaffelt waren, ergeben sich diese in Zukunft als Summe des einheitlichen Eigenanteils und der Leistungsbeträge der Pflegeversicherung. Das vormals funktionierende System der Personalsteuerung nach Richtwerten wird in Zukunft meist nicht mehr zu einer wirtschaftlichen Betriebsführung ausreichen. Grund: In den meisten Bundesländern korrespondieren die aus den Personalschlüsseln resultierenden Kosten nicht mehr mit den Pflegesätzen, so dass es defizitäre und gut auskömmliche Pflegegrade gibt. Die Staffelung der Pflegesätze ist durch die Leistungsbeträge der Pflegeversicherung vorgegeben. Sie orientieren sich aber nicht mehr unmittelbar an den Kosten des Mehr-Personals, weil die Pflegeschlüssel davon losgelöst sind. Die direkte Verbindung zwischen der vorgegebenen Personalmenge und der Höhe der Pflegesätze ist nur noch dann in aggregierten Gesamtbetrachtung aller Bewohner des Heims gegeben und das nur dann, wenn die der Pflegesatzermittlung zu Grunde liegende Belegungsstruktur eingehalten wird, was in der Praxis meist nicht zutrifft.

Durch Entkoppelung der Erlöse von den Richtzahlen sind die hohen Pflegegrade meistens kostendeckend und die niedrigen Pflegegrade deutlich defizitär. Das führt zu einer Quersubventionierung innerhalb der Pflegegrade. Dadurch besteht das erhöhte Risiko einer defizitären Steuerung bei einer Verschlechterung der Pflegradstruktur. Ziel der Überlegungen sollte es daher sein, sich abzeichnende Entwicklungen im Pflegegradmix in die Antragskalkulation mit einzubeziehen. Dies können beispielsweise laufende Widersprüche zu Erhöhungen im Pflegegrad sein oder ein hoher Anteil an Bewohnern im Pflegegrad 5.

Die zu erwartende Pflegegradverteilung wird einen nicht unerheblichen Einfluss auf die Höhe der Pflegegesätze haben. Die Erfahrungen aus 2017 haben gezeigt, dass der EEE erheblichen Schwankungen unterliegt. Es ist daher auch die Frage zu berücksichtigen, welche Auswirkungen die neuen Sätze auf den Wettbewerb und die resultierende Belegung haben werden. In der Pflegesatzverhandlung ist die Anerkennung der prospektiven Belegung von der Einrichtung im Rahmen des mehrstufigen Verhandlungsaufbaus in der 1. Stufe der Plausibilitätsprüfung darzulegen. Auch für die Aufnahme neuer Bewohner in der Region spielt die Höhe des einrichtungseinheitlichen Eigenanteils (EEE) im Vergleich zu anderen Einrichtungen eine wichtige Rolle. Der EEE wird damit zum „Preisschild" der Pflegeeinrichtung.

1.2 Beispielrechnung für übergeleitete Pflegegradstruktur

Wie sich die Pflegegradstruktur auf die Höhe des einheitlichen Eigenanteils aller Bewohner auswirkt, zeige ich an zwei Beispielrechnungen für das in diesem Ratgeber vorgestellten 80-Betten-Haus. Zunächst wird der einheitliche Eigenanteil auf der Grundlage der Pflegegradstruktur per 1. Januar 2018 als prognostizierte Größe für den Zeitraum 1. Januar 2018 bis 31. Dezember 2018 berechnet. Und zum Vergleich wird am Beispiel eines verminderten Pflegegradmix dargestellt, welchen Einfluss die modifizierte Pflegegradstruktur auf die Höhe des Eigenanteils der Bewohner hat.

Pflegegradstruktur Musterhaus

Pflegegrad Grad der Selbständigkeit	Belegung	%
PG 1 geringe Beeinträchtigung	0	
PG 2 erhebliche Beeinträchtigung (davon 2 Bewohner mit doppeltem Stufensprung)	12	16 %
PG 3 schwere Beeinträchtigung (davon 14 Bewohner mit doppeltem Stufensprung)	28	37 %
PG 4 schwerste Beeinträchtigung (davon 12 Bewohner mit doppeltem Stufensprung)	24	31 %
PG 5 schwerste Beeinträchtigung mit besonderen Anforderungen an die Pflege	12	16 %
Durchschnittlich belegte Betten	76	100 %

Pflegegradmix Musterhaus

Der hauseigene Pflegegradmix gibt Aufschluss über die prospektiv geplante Entwicklung der einzelnen Pflegegrade für den kommenden Vergütungszeitraum. Die Pflegedienstleitung kann durch regelmäßige Soll-Ist-Vergleiche prüfen, ob und in welchem Ausmaß die aktuelle Belegung von der geplanten Soll-Belegung abweicht. Die Berechnung der Kennzahl für das hier vorgestellte Musterhaus erfolgte auf der Grundlage der für 2018 geplanten Pflegegradstruktur.

Kennzahl Pflegegradmix

Pflegegrad	Bewohner		Äquivalenzziffer
2	12	=	24
3	28	=	84
4	24	=	96
5	12	=	60
	76	=	264 : 76 = 3,47 Pflegegrad

Durchschnittlicher Pflegegradmix für Musterhaus mit 80 Planbetten: 3,47 Pflegegrade.

Personalausstattung Pflegebereich

In Pflegesatzverhandlungen ist die Pflegegradstruktur die bestimmende Größe für die Bemessung der Personalausstattung der Einrichtung. Die nachstehende Übersicht zeigt die anhand der für NRW vorgegebenen Personalschlüssel berechnete Soll-Personalausstattung für das Musterhaus, die als Grundlage für die Ermittlung er Personalkosten dient. Die Zahlen wurden dem Pflegeratgeber Oktober 2017 entnommen.

Soll-Vollzeitpflegekräfte nach Pflegegraden

Pflegegrad	Bewohner	Pflegeschlüssel	Berechnung	Soll-Vollzeitkräfte (VK)
1	0	1 : 8,00	0	0
2	12	1 : 4,66	12 : 4,66 =	2,76
3	28	1 : 3,05	28 : 3,05 =	9,18
4	24	1 : 2,24	24 : 2,24 =	10,71
5	12	1 : 2,00	12 : 2,00 =	6,00
gesamt:	76		=	28,65

Selbstkosten für Musterhaus

Die nachstehende Übersicht der kalkulierten Selbstkosten für das Musterhaus wurde der Novemberausgabe des Ratgebers 2017 (Teil 3) entnommen. Berücksichtigt wurde, dass die gewählte Gehaltsstruktur einer wirtschaftlichen Betriebsführung im Sinne des SGB XI entspricht[4].

Kostenart	Personalkosten	Euro	Kostenart
600/603	Heimleitung/Verw.	188.160,-	Gemeinkosten
600/601	Pflege	1.579.313,-	Einzelkosten
605	Soziale Betreuung	95.357,-	Einzelkosten
602	Verpflegung (Küche)	204.166,-	Einzelkosten
602	Hauswirtschaft	239.135,-	Einzelkosten
604	Technischer Dienst	51.389,-	Gemeinkosten
		2.357.520,-	

---

⁴ § 84 Abs. 2 S. 4 und 8 SGB XI

Kostenart	Sachkosten	Euro	Kostenart
70	Pflegerischer Bedarf	15.089,-	Einzelkosten
70	Aufwand soziale Betreuung	7.242.-	Einzelkosten
65	Speisenversorgung	136.707,-	Einzelkosten
68	Wirtschaftsbedarf	119.475,-	Einzelkosten
682	Büro-, Verwaltungs-bedarf	37.761,-	Gemeinkosten
683	Steuern, Abgaben, Versicherung	35.286,-	Gemeinkosten
67	Energieversorgung, Wasser, Brennstoffe)	79.237,-	Gemeinkosten
		430.797,-	
		========	

Gesamtkosten für Musterhaus

Personal:	2.357.520,00 Euro
Sachmittel:	430.797,00 Euro
	2.788.317,00 Euro
	===============

Gewinnaufschlag für Unternehmerrisiko

Der Gewinnaufschlag für das Unternehmerrisiko wurde in Höhe von 4 % der Plankosten für Pflege und Unterkunft berechnet, die sich insgesamt auf 2.788.317,- Euro belaufen.

4 % der Gesamtkosten in Höhe von 2.788.317,- Euro (S. 8) = 111.533,- Euro

Der Betrag wurde anteilig auf die Kostenträger Pflege sowie Unterkunft und Verpflegung im Verhältnis der Teilkosten der beiden Leistungsbereiche an den Gesamtkosten 70 zu 30 verrechnet.

Verteilung Gewinnaufschlag

Pflege: 70 % von 111.533,- Euro   =   78.073,- Euro

Unterkunft und Verpflegung:
                 30 % von 111.533,- Euro   =   33.460,- Euro

Gemeinkosten. Die nachstehenden Gemeinkosten für das Musterhaus werden zu je 50 % der Pflege sowie der Unterkunft und Verpflegung zugerechnet.

Kostenart Musterhaus	Euro
Heimleitung/Verwaltung	188.160,-
Technischer Dienst	51.389,-
Büro-, Verwaltungsbedarf	37.761,-
Steuern, Abgaben, Versicherung	35.286,-
Energieversorgung (Wasser, Brennstoffe)	<u>79.237,-</u>
	391.833,-
	=======

Mithin sind der Pflege 391.833,00 Euro : 2 = 195.917,00 Euro an Gemeinkosten zuzurechnen.

<u>Gesamtkosten Pflege (Einzelkosten + Gemeinkosten)</u>

Die Kalkulation der Personal- und Sachkosten erfolgte auf der Grundlage der Pflegegradstruktur sowie den in NRW vorgegebenen Pflegeschlüssel sowie unter Berücksichtigung der für den Pflegezeitraum zu erwartenden Kostensteigerungen.

Personalkosten Pflege	1.579.313,00 Euro
Soziale Betreuung	95.357,00 Euro
Pflegerischer Bedarf	15.089,00 Euro
Betreuungsbedarf	<u>7.242,00 Euro</u>
	1.697.001,00 Euro
+ 50 % der Gemeinkosten	195.917,00 Euro
+ Gewinnaufschlag	<u>78.073,00 Euro</u>
	1.970.991,00 Euro

Leistungsbeträge Pflegekasse

Um den einheitlichen Eigenanteil je Bewohner berechnen
zu können, müssen von den zuvor berechneten Gesamtkosten die von der Pflegekasse zu zahlenden Leistungsbeträge aller Bewohner abgezogen werden. Die nachstehende Übersicht zeigt die Summe der Leistungsbeträge gestaffelt nach den einzelnen Pflegegraden.

Pflege-Grad	Bewohner	Leistungsbetrag/ Monat/Euro	Berechnung	Summe Monat/Euro
2	12	770,00	12 x 770,00 =	9.240,00
3	28	1.262,00	28 x 1.262,00 =	35.336,00
4	24	1.775,00	24 x 1.775,00 =	42.600,00
5	12	2.005,00	12 x 2.005,00 =	24.060,00
	76			= 111.236,00

Auf das Kalenderjahr hochgerechnet sind das 111.236,00
x 12 = 1.334.832,00 Euro.

Berechnung des einheitlichen Eigenanteils (EEE)

Ausgangspunkt für die Berechnung des EEE für das Musterhauses ist der Jahresbetrag der Personal- und Sachkosten für den Bereich Pflege auf der Grundlage der Personalausstattung des Hauses. Der einrichtungseinheitliche
Eigenanteil wird berechnet, in dem von den Gesamtkosten
die Leistungsbeträge der Pflegekasse abgezogen werden.
Der dann verbleibende Restbetrag wird durch die Anzahl

der Bewohner dividiert, so dass sich für jeden der gleich hohe Zuzahlungsbetrag ergibt.

1.970.991,00 Euro - 1.334.832,00 Euro = 636.159,00 : 76 = 8.371,00 : 12 = 697,00 Euro monatlich.

Pflegesätze für Musterhaus

Addiert man zum Zuzahlungsbetrag des Bewohners den jeweiligen Leistungsbetrag des Pflegegrades der Pflege-kasse, erhält man den Pflegesatz für jeden Pflegegrad. .

Pflege-Grad	Eigenanteil	Leistungsbetrag		Pflegesatz/Euro/Monat
2	697,00	770,00	=	1.467,00
3	697,00	1.262,00	=	1.959,00
4	697,00	1.775,00	=	2.472,00
5	697,00	2.005,00	=	2.702,00

2.   Beispielrechnung alternativer Pflegegradmix

Nach der Pflegereform 2017 ist weiterhin ungewiss, wie sich die Pflegegradstruktur in stationären Pflegreinrichtungen entwickeln wird. Daher ist es für bevorstehende Pflegesatzverhandlungen wichtig, gleich zu Beginn den „richtigen" Pflegegradmix zu finden. Vor dem Hintergrund, dass ein niedrigerer oder höherer Pflegegradmix direkten Einfluss auf die Höhe des einheitlichen Eigenanteils aller Bewohner hat, stellt sich für die Einrichtungsleitung die Frage: Welche Pflegegradstruktur wähle ich für künftige Pflegesatzverhandlungen mit den Kostenträgern, um wirtschaftlich gut aufgestellt zu sein? Unsicherheitsfaktoren für die Entwicklung der Pflegegradstruktur in der Zukunft sind vor allem:

- Bei Neueinstufungen werden höhere Pflegegrade nach dem doppelten Stufensprung durch niedrige Einstufungen ausgetauscht. Die Ausprägung des sogenannten „Rothgang-Effekts" hängt entscheidend von der Höhe der Fluktuation sowie von dem Anteil der neu eingezogenen Bewohner ab.

- Die Zuordnung zu den einzelnen Pflegegraden entspricht nicht den Erwartungen, die mit dem neuen Begutachtungssystem verknüpft wurden, was auch daran liegt, dass einige Regelungen der Begutachtungsrichtlinie zu eng oder restriktiv gefasst sind.

- Unter wirtschaftlichen Gesichtspunkten ist zu berücksichtigen, dass ein hoher Anteil demenzkranker Bewohner im Rahmen der Überleitung zu vergleichsweise niedrigeren Eigenanteilen und damit zu geringeren Personalbudgets je Pflegegrad geführt hat. So leisten Bewohner mit niedrigem Pflegegrad mit dem Eigenanteil oftmals in Relation zu ihrem (niedrigeren) Versorgungsbedarf eine überproportionale Zuzahlung, während Bewohner mit hohem Pflegegrad mit der Zuzahlung in Relation zu ihrem (höheren) Versorgungsbedarf eine entsprechend unterproportionale Zuzahlung leisten.

Um mögliche Veränderungen in der Belegungsstruktur rechtzeitig erkennen und angemessen darauf reagieren zu können, bedarf es daher in der Einrichtung eines transparenten Pflegegradmanagements, in das alle Pflegekräfte einbezogen werden. Erschwerend kommt bei der Abweichungsanalyse von Belegungsschwankungen hinzu, dass mit der gleichmäßigen Aufteilung der Zuzahlungsbeträge auf alle Bewohner eine Entkoppelung der individuell hinterlegten Refinanzierung vom individuellen Versorgungsbedarf des Pflegebedürftigen verbunden ist. Unter Berücksichtigung der genannten Kriterien habe ich für die folgende Beispielrechnung des Musterhauses einen Pflegegradmix von durchschnittlich 3,0 Pflegegraden gewählt. Pflegefachleute gehen davon aus, dass diese Kennziffer auch in Zukunft die Untergrenze für Pflegesatzverhandlungen sein wird.

Verminderte Pflegegradstruktur für Musterhaus

Pflegegrad Beeinträchtigung der Selbständigkeit Belegung   %

PG 1	geringe Beeinträchtigung	0	
PG 2	erhebliche Beeinträchtigung	28	37 %
	(davon 2 Bewohner mit doppeltem Stufensprung)		
PG 3	schwere Beeinträchtigung	28	37 %
	(davon 8 Bewohner mit doppeltem Stufensprung)		
PG 4	schwerste Beeinträchtigung	12	16 %
	(davon 6 Bewohner mit doppeltem Stufensprung)		
PG 5	schwerste Beeinträchtigung mit besonderen		
	Anforderungen an die Pflege	8	10 %
	Durchschnittlich belegte Betten	76	100 %

Kennzahl Pflegegradmix

Der auf der folgenden Seite anhand der verminderten Pflegegrade berechnete Pflegegradmix zeigt, in welchem Maße die Kennzahl von der in der übergeleiteten Bewohnerschaft abweicht.

Pflegegrad	Bewohner		Äquivalenzziffer
2	28	=	56
3	28	=	84
4	12	=	48
5	8	=	40
	76	=	228 : 76 = 3,00 Pflegegrad

Abweichung des Pflegegradmix im Vergleich zur ersten Beispielrechnung: 3,47 – 3,00 = 0,47 Minus-Punkte.

Personalausstattung Pflegebereich

In der nachstehenden Übersicht geht es um die Soll-Personalausstattung des Musterhauses auf der Grundlage der alternativen Pflegegradstruktur sowie der für NRW vorgegebenen Pflegeschlüssel. Auslastung: 95 %.

Soll-Vollzeitpflegekräfte nach Pflegegraden

Pflegegrad Bewohner Pflegeschlüssel Berechnung Soll-Vollzeitkräfte (VK)

Pflegegrad	Bewohner	Pflegeschlüssel	Berechnung		Soll-Vollzeitkräfte (VK)
1	0	1 : 8,00			0
2	28	1 : 4,66	28 : 4,66	=	6,00
3	28	1 : 3,05	28 : 3,05	=	9,18
4	12	1 : 2,24	12 : 2,24	=	5,36
5	8	1 : 2,00	8 : 2,00	=	4,00
gesamt:	76			=	24,54

Gesamtkosten für Musterhaus

Die nachstehende Übersicht zeigt, welche Gesamtkosten der Einrichtung für den Pflegezeitraum entstehen. Die Berechnung erfolgte auf der Grundlage der alternativen Pflegegradstruktur für den Pflegezeitraum 2018.

Gesamtkosten nach Tätigkeitsbereichen

In Anlehnung an die Vorgaben der Zuordnungsübersicht werden die Personal- und Sachkosten in der ersten Stufe der Selbstkostenrechnung wie folgt gegliedert:

Kosten-art	Personalkosten	Euro
600/603	Heimleitung/Verwaltung	188.160,-
600/601	Pflege	1.136.406,-
605	Soziale Betreuung	95.357,-
602	Verpflegung (Küche)	204.166,-
602	Hauswirtschaftlicher Dienst	239.135,-
604	Technischer Dienst	51.389,-
		1.914.613,-

Kosten-art	Sachkosten	Euro	Gemein-/ Einzelkosten
70	Pflegerischer Bedarf	15.089,00	Einzelkosten
70	Aufwand soziale Betreuung	7.242,00	Einzelkosten
65	Speisenversorgung	136.707,00	Einzelkosten
68	Wirtschaftsbedarf	119.475,00	Einzelkosten
682	Büro-, Verwaltungsbedarf	37.761,00	Gemeinkosten
683	Steuern, Abgaben, Versicherung	35.286,00	Gemeinkosten
67	Energieversorgung (Wasser, Brennst.)	79.237,00	Gemeinkosten
		430.797,00	
		=========	

Gesamte Personal- und Sachkosten

Personal:	1.914.613,00 Euro
Sachmittel:	430.797,00 Euro
	2.345.410,00 Euro

<u>Gewinnaufschlag für Unternehmerrisiko</u>

4 % der Gesamtkosten in Höhe von 2.345.410,- Euro =
93.816,- Euro

Der Betrag wurde anteilig auf die Kostenträger Pflege sowie Unterkunft und Verpflegung im Verhältnis der Teilkosten der beiden Leistungsbereiche an den Gesamtkosten verrechnet.

Pflege: 70 % von 93.816,00 Euro =   65.671,00 Euro

Unterkunft und Verpflegung:

    30 % von 93.816,00 Euro =   28.145,00 Euro

<u>Kostenart (Gemeinkosten)</u>	**Euro**
Heimleitung/Verwaltung	188.160,00
Technischer Dienstag	51.389,00
Büro-, Verwaltungsbedarf	37.761,00
Steuern, Abgaben, Versicherung	35.286,00
Energieversorgung (Wasser, Brennstoffe)	<u>79.237,00</u>
	391.833,00
	=========

Mithin sind der Pflege 391.833,00 Euro : 2 = 195.917,00 Euro
an Gemeinkosten zuzurechnen.

Gesamtkosten Pflege (Einzel- und Gemeinkosten)

Personalkosten Pflege/Soziale Betreuung	1.231.763,00 Euro
Pflegerischer Bedarf	15.089,00 Euro
Betreuungsbedarf	7.242,00 Euro
	1.254.094,00 Euro
+ 50 % der Gemeinkosten	195.917,00 Euro
+ Gewinnaufschlag	65.671,00 Euro
	1.515.682,00 Euro

Leistungsbeträge Pflegekasse

Um den einheitlichen Eigenanteil je Bewohner berechnen zu können, müssen von den zuvor berechneten Gesamtkosten die von der Pflegekasse gezahlten Leistungsbeträge aller Bewohner abgezogen werden. Die nachstehende Übersicht zeigt die Summe der Leistungsbeträge gestaffelt nach den einzelnen Pflegegraden.

Pflege-Grad	Bewoh-ner	Leistungsbe-trag/Monat	Berechnung Monat	Summe/Monat /Euro
2	28	770,00	28 x 770,00 =	21.560,00
3	28	1.262,00	28 x 1.262,00 =	35.336,00
4	12	1.775,00	12 x 1.775,00 =	21.300,00
5	8	2.005,00	8 x 2.005,00 =	16.040,00
	76		=	94.236,00

Auf das Kalenderjahr hochgerechnet sind das 94.236,00 Euro x 12 = 1.130.832,00 Euro.

__Berechnung des einheitlichen Eigenanteils (EEE)__

Für die Berechnung des Einrichtungseinheitlichen Eigenanteils (EEE) des Musterhauses mit 80 Planbetten werden benötigt:

- Der Jahresbetrag aller Pflegesätze der Pflegegrade 2 bis 5 für den kommenden Pflegezeitraum

- Die von der Pflegekasse zu erwartenden Leistungsbeträge aller Bewohner, die vom Jahresbetrag der Pflegesätze abgezogen werden.

Der so ermittelte Fehlbetrag wird anschließend durch die Zahl der Bewohner geteilt, so dass sich für alle Bewohner ein gleich hoher Zuzahlungsbetrag ergibt.

1.515.682,00 Euro - 1.130.832,00 Euro = : 76 = 384.850,00 : 76 = 5.064,00 : 12 = 422,00 Euro monatlich. Damit beläuft sich der Zuzahlungsbetrag für jeden Bewohner in den Pflegegraden 2 bis 5 auf monatlich 422,00,- Euro, der sich auch bei einer Höherstufung nicht verändert.

Der einheitliche Zuzahlungsbetrag kann sich bei einem Wechsel von höheren in niedrigere Pflegegrade verlusttreibend auswirken und führt dazu, dass selbst bei wirtschaftlicher Betriebsführung die Pflegesätze nicht mehr auskömmlich sind.

Pflegesätze für Musterhaus

Addiert man den Zuzahlungsbetrag des Bewohners und den jeweiligen Leistungsbetrag der Pflegekasse je Pflegegrad, ergibt das die Höhe des Pflegesatzes für jeden Pflegegrad.

Pflegegrad	Eigenanteil		Leistungsbetrag		Pflegesatz/ Euro/Monat
2	422,00	+	770,00	=	1.192,00
3	422,00	+	1.262,00	=	1.684,00
4	422,00	+	1.775,00	=	2.197,00
5	422,00	+	2.005,00	=	2.427,00

Schlussbetrachtung

Pflegeeinrichtungen werden auf Dauer nur dann wirtschaftlich erfolgreich sein, wenn es ihnen gelingt, eine verlässliche Pflegegradstruktur für zukünftige Pflegesatzverhandlungen zu prognostizieren. Dies vor allem unter dem Aspekt, dass nach der großzügigen Überleitung von Pflegestufen in Pflegegrade die Entwicklung des Pflegegradmix nur schwer einzuschätzen ist. Erschwert wird die Vorhersage noch dadurch, weil bisher nur ein kleiner Teil der Bewohner durch Neuaufnahmen ersetzt wurde. Pflegeeinrichtungen müssen bei ihren Planungen allerdings auch berücksichtigen, dass in der 1. Stufe der Pflegesatzverhandlungen mit den Kostenträgern erhöhte Anforderungen an die geplante Entwicklung der einzelnen Pflegegrade nur dann relevant sind, wenn die aktuelle Belegung deutlich von der prospektiv geplanten Größe abweichen sollte.

Wie entscheidend die gewählte Pflegegradstruktur die Höhe der Zuzahlung der Bewohner in der stationären Pflege bestimmt, habe ich im zweiten Teil meines Ratgebers ausführlich dargestellt. Aus meiner Sicht sollte der Eigenanteil gemessen am Gesamtentgelt nicht zu hoch sein, damit Pflege in den unteren Pflegegraden für Bewohner und deren Angehörige auch bezahlbar bleibt. Und im Wettbewerb mit anderen vergleichbaren Einrichtungen in der näheren Umgebung spielt die Höhe des EEE sowieso eine wichtige Rolle. Er wird quasi zum „Preisschild" der Pflegeeinrichtung und sollte daher stets im Auge behalten werden.

Der Rat für die Praxis:

- Prüfen Sie den Pflegegradmix der letzten 6 Monate auf mögliche Entwicklungen bzw. stärkere Gewichtung einzelner Pflegegrade

- Sprechen Sie mit den verantwortlichen Pflegekräften, ob bei vielen Bewohnern Veränderungen im Pflegegrad absehbar sind

- Spielen Sie verschiedene Belegungsszenarien durch

Horst Brzoska